Inhalt

Nationale Naturlandschaften - im Jahr der Naturparke besonders im Blickfeld

Kernthesen

Beitrag

Fallbeispiele

Weiterführende Literatur

Impressum

Nationale Naturlandschaften - im Jahr der Naturparke besonders im Blickfeld

I.Zeilhofer-Ficker

Kernthesen

- Anlässlich des 50sten Geburtstags der Naturparkidee haben der Verband Deutscher Naturparke e. V. und der EUROPARC Deutschland e. V. 2006 zum Jahr der Naturparke erklärt.
- Rund ein Viertel der Fläche in Deutschland ist als Nationalpark, als Naturpark oder Biosphärenreservat unter Schutz gestellt.
- Die Naturlandschaften in Deutschland sind wichtige Erholungs- und Rückzuggebiete

für Fauna und Flora, aber auch für den Menschen.
- Als wichtiger Anziehungspunkt für Urlauber und Tagestouristen sind die Nationalen Naturlandschaften auch von großer wirtschaftlicher Bedeutung von ansonsten schlecht entwickelten Regionen.

Beitrag

Der Radausflug am Wochenende, der Waldspaziergang am Abend, der Blick auf blühende Wiesen und Büsche ist uns allen zur Selbstverständlichkeit geworden. Die Initiative Nationale Naturlandschaften hat sich den Schutz unserer Natur vor der Haustür auf die Fahnen geschrieben und veranstaltet im Jahr 2006 das Jahr der Naturparke.

Parke zum Schutz der Natur eine immer wichtiger werdende Idee

Die Bevölkerung der Erde wächst in besorgniserregender Geschwindigkeit und in der Folge werden mehr und mehr Flächen durch Asphalt und Beton versiegelt, Wälder abgeholzt, Lebensräume zerstört. Wirtschaftliche Gesichtspunkte erlangen oft Vorrang vor der Erhaltung des natürlichen Lebensraums von Pflanzen, Tieren und Menschen.

Im frühen 19. Jahrhundert entwickelte sich in den Vereinigten Staaten die Idee, besonders spektakuläre und unberührte Naturlandschaften zu schützen und unter die Verwaltung der Allgemeinheit zu stellen. Schon 1872 wurde das Yellowstone Gebiet in den USA als öffentlicher Park zur Freude und zum Nutzen der Menschheit gewidmet der erste Nationalpark war entstanden. (www.de.wikipedia.org)

Schon bald entwickelte sich in den unbewohnten, weiten Gebieten Nordamerikas ein weit verbreitetes Parksystem, das professionell verwaltet und geführt wird. Erst viele Jahre später fasste die Parkidee zum Schutz der Natur auch in Europa Fuß fehlten hier doch aufgrund der hohen Bevölkerungsdichte die weit ausgedehnten, unberührten Landschaften. 1909 entstand der erste europäische Nationalpark in Schweden, aber erst nach dem zweiten Weltkrieg setzte sich die Idee in Europa durch.
(www.de.wikipedia.org)

Der staatliche Schutz der Natur ist in Deutschland zwar schon seit 100 Jahren Thema, die Naturpark-Idee feierte hier aber erst am 6. Juli 1956 ihre Geburt, als der Großkaufmann Dr. Alfred Töpfer sein

Programm für 25 Naturparke in der Universität Bonn vorstellte. Noch im gleichen Jahr wurde der Naturpark Hoher Vogelsberg damals noch Naturschutzpark genannt gegründet. Der erste Naturpark in Deutschland war entstanden, dem mittlerweile 94 weitere folgten. (1)

Die Bevölkerung weiß das Engagement für eine intakte Natur zu schätzen 70% der Bundesbürger geben an, am liebsten Urlaub in den deutschen Naturparadiesen zu machen, 90% halten die Naturlandschaften für wichtig bis sehr wichtig. 20 Millionen Besucher werden schon jetzt jedes Jahr in den deutschen Nationalparks gezählt. Vor allem der zunehmend beliebte sanfte Tourismus findet in den Nationalen Naturlandschaften die idealen Reiseziele. (5)

Das 50jährige Jubiläum von Naturparks in Deutschland haben sich der Verband Deutscher Naturparke e. V. sowie der EUROPARC Deutschland e. V. zum Anlass genommen, das Jahr 2006 zum Jahr der Naturparke zu erklären. (3), (4)

Das Jahr der Naturparke

Zum Jahr der Naturparke ist ein umfangreiches

Veranstaltungsprogramm auf Bundes- und Länderebene, aber vor allem in den Naturparks selbst, geplant. Durch Wandertage und Ausstellungen, durch Exkursionen, Ralleys für Schulklassen und Fachvorträge sollen die deutschen Naturparks als Beispiele für die umweltschonende, nachhaltige Nutzung der Natur vor der Haustür präsentiert werden. Unter dem Motto Natürlich Naturparke will man aufzeigen, dass Naturerlebnis und Schutz der Natur zusammengehören und dass nachhaltiger Tourismus möglich ist. Die Buchreihe Erlebnis Naturlandschaft wurde gestartet, mit der sich in den kommenden Jahren die Naturparke der verschiedenen Bundesländer vorstellen werden. (2), (3), (4), (www.naturparke.de)

Die Schirmherrschaft wurde von Bundespräsident Köhler übernommen, auf Landesebene agieren die jeweiligen Ministerpräsidenten als Schirmherren. Zur Unterstützung der Aktionen wurde das Maskottchen Max Moorfrosch auf die Reise geschickt, um für die deutschen Naturparke zu werben. (4)

Nationale Naturlandschaften in Deutschland Natur erhalten und nutzen

Unter der Dachmarke Nationale Naturlandschaften haben sich die 95 deutschen Naturparks, 14 Nationalparks und 14 Biosphärenreservate zusammengeschlossen. Die Fläche dieser Großschutzgebiete macht bereits über ein Viertel der Landesfläche aus. Trotz der unterschiedlichen Definition der Schutzgebiete wird von allen das Ziel der Erhaltung und Nutzung der Natur verfolgt. Denn eine intakte Natur ist nicht nur für das Überleben von Pflanzen und Tieren unverzichtbar, auch der Mensch braucht die natürlichen Erholungsgebiete. Außerdem entwickeln sich die Naturparadiese mehr und mehr zu touristischen Anziehungspunkten, die für Umsätze und Arbeitsplätze sorgen. (6), (7)

So wurde in einer Studie an drei Modellgebieten festgestellt, dass in nur diesen Gebieten durch landschaftsbezogenen Tourismus ein Umsatz von 40 Millionen Euro erzielt wurde, 1 325 Arbeitsplätze lassen sich darauf zurückführen. (7)

Ein einheitlicher Internetauftritt sowie ein gemeinsames Logo soll für ein wieder erkennbares Erscheinungsbild der Nationalen Naturlandschaften sorgen. Nachhaltiger Tourismus und die umweltschonende Landnutzung soll beworben und erreicht werden. (8), (9), (10)

Wie unterscheiden sich die Schutzgebiete

In den 14 bundesdeutschen Nationalparks wird das Motto Natur Natur sein lassen gepflegt. Eingriffe des Menschen jedweder Form werden unterlassen, Totholz wird liegen gelassen, auch vermeintlich schädliche Entwicklungen, wie z. B. der Waldbefall mit Borkenkäfern, werden nicht unterbunden. Einzigartige Urwälder und Ökosysteme werden so erhalten. Jegliche Ausbeutung wird verhindert, die natürliche Entwicklung wird allerdings beobachtet und die Parks für interessierte Besucher erschlossen. (11)

Biosphärenreservate werden von der Unesco anerkannt als Modellgebiete, in denen ein nachhaltiges Zusammenwirken von Flora, Fauna und dem Menschen praktiziert wird. Biosphärenreservate sind typischer Weise vom Menschen geschaffene Kulturlandschaften. (12)

Für Naturparke steht neben dem Schutz und der Pflege der Natur vor allem auch deren nachhaltige Nutzung im Vordergrund. Naturpark-Gebiete sollen überwiegend aus Landschafts- oder Naturschutzgebieten bestehen und vielfältig genutzt werden. ein nachhaltiger Tourismus sowie eine umweltgerechte Landnutzung ist das Ziel. (13)

Fallbeispiele

Der Nationalpark Hainich ist ein 7 600 Hektar großes Urwaldgebiet, in dem sich sogar Wildkatzen wohl fühlen. Als touristischen Anziehungspunkt hat man einen 300 Meter langen Baumkronenpfad geschaffen, auf dem man den Wald aus der Perspektive der Vögel begutachten kann. (11)

Im Biosphärenreservat Schaalsee nisten bedrohte Vogelarten, aber auch der Tourismus kommt nicht zu kurz. Mit einem Elektroschiff kann man auf den See fahren, Besucher genießen die stille Idylle der kleinen Dörfer, in denen vorwiegend landschaftsschonende Landwirtschaft betrieben wird. (12)

Der Naturpark Altmühltal wird nicht nur wegen der idyllischen Blicke auf den sich schlängelnden Fluss geschätzt. Wanderer, Radler, Kanuten und Sonnenanbeter finden hier gleichermaßen Raum zur Frönung ihres Hobbys. Die im Altmühltal grasenden Wanderschafe sorgen außerdem für das beliebte Altmühltaler Lamm. (13)

Der Naturpark Nassau feiert das Jahr der Naturparke mit Umwelttagen im Juni. Durch Wanderungen und Exkursionen zu Fuß, Rad oder Boot soll die Welt der Tiere und Pflanzen entdeckt werden. Fachvorträge und ein Kindertheater runden das Programm ab. (16)

Kinder werden verstärkt mit dem Programm des Naturparks Rhein-Westerwald angesprochen, denn die Umweltbildung ist heutzutage nicht mehr für jedes Kind eine selbstverständliche Sache. In Wanderungen werden Spuren im Schnee begutachtet, die Musikanten des Spätsommers wie Grillen und Heuschrecken besucht und in der Fledermausnacht kann man mehr über diese scheuen Nachtjäger erfahren. (17)

Auch im Schlaubetal werden die Kinder durch ein Familienfest mit vielen Aktionen und Sehenswürdigkeiten angelockt. Kräuterhexen, Huskys und Handwerker können bestaunt werden, Wanderungen und Fahrradtouren führen zum Fest, auf dem einheimische Produkte zur Stärkung bereit stehen. (18)

Weiterführende Literatur

(1) Gemeinsame Kampagne der 95 Naturparke in

Deutschland - Bundespräsident Horst Köhler als Schirmherr - Schutz und Nutzung der Natur mit Erholungsmöglichkeiten verbunden - Trägerschaft haben meist Kommunen oder die Bundesländer übernommen
aus Agra-Europe (AgE), 47. Jahrgang Nr. 3 vom 16.01.2006

(2) Ein runder Geburtstag und drastisch gekürzte Mittel Viele Aktionen im "Jahr der Naturparks 2006" geplant
aus MAINPOST Ausgabe vom 02.02.2006

(3) O. V., Mit Streuobsttag und Radwandertour, Thüringer Allgemeine, 11.05.2006, S. TAKA211
aus MAINPOST Ausgabe vom 02.02.2006

(4) 2006 wird das Jahr der Naturparke Gemeinsame Kampagne der 95 Naturparke unter der Schirmherrschaft von Bundespräsident Horst Köhler
aus Neue Westfälische

(5) Deutsche entdecken heimische Kulturlandschaften
aus Saarbrücker Zeitung vom 21.04.2006

(6) Jahr der Naturparks 2006
aus Bus Aktuell, Heft 05/2006, S. 12

(7) Das Potenzial für naturnahen Tourismus noch besser ausschöpfen
aus Agra-Europe (AgE), 47. Jahrgang Nr. 6 vom

06.02.2006

(8) Positives Echo auf die neue Dachmarke "Nationale Naturlandschaften"
aus Agra-Europe (AgE), 47. Jahrgang Nr. 7 vom 13.02.2006

(9) Neue Dachmarke für Naturschutzgebiete
aus Agra-Europe (AgE), 46. Jahrgang Nr. 48 vom 28.11.2005

(10) NATUR Wanderbare Eifel Im Jahr der Naturparke demonstrieren die Naturparke Süd- und Nordeifel ihre gemeinsame Stärke
aus Trierischer Volksfreund vom 13.04.2006

(11) Für Waldläufer
aus DIE ZEIT Nr. 16

(12) Für verliebte Vögel
aus DIE ZEIT Nr. 16

(13) Für alle
aus DIE ZEIT Nr. 16

(14) Sachsen-Anhalt forciert die Entwicklung von Naturparks
aus Agra-Europe (AgE), 46. Jahrgang Nr. 52 vom 27.12.2005

(15) Keine Investitionen mehr im Naturpark
aus Frankfurter Allgemeine Zeitung, 01.12.2005, Nr. 280, S. 59

(16) O. V., Naturpark natürlich erleben, Rhein-Zeitung, 08.05.2006
aus Frankfurter Allgemeine Zeitung, 01.12.2005, Nr. 280, S. 59

(17) Peerenboom, Marcelo, Forstamt will Begeisterung für Natur vor der Haustür wecken, Rhein-Zeitung, 03.02.2006
aus Frankfurter Allgemeine Zeitung, 01.12.2005, Nr. 280, S. 59

(18) Ranger, Hexen, Stapelkletterer: Naturparkfest im Schlaubetal Sonntag startet rund um die Bremsdorfer Mühle ein Fest für die ganze Familie
aus Lausitzer Rundschau vom 10.05.2006

Impressum

Nationale Naturlandschaften - im Jahr der Naturparke besonders im Blickfeld

Bibliografische Information der deutschen Nationalbibliothek

Die Deutsche Nationalbibliothek verzeichnet diese Publikation in der deutschen Nationalbibliografie; detaillierte bibliografische Daten sind im Internet über http://dnb.d-nb.de abrufbar.

ISBN: 978-3-7379-1465-9

© 2015 GBI-Genios Deutsche Wirtschaftsdatenbank GmbH, Freischützstraße 96, 81927 München, www.genios.de

Alle Rechte vorbehalten. Dieses Werk ist einschließlich aller seiner Teile – z.B. Texte, Tabellen und Grafiken - urheberrechtlich geschützt. Jede Verwertung außerhalb der Grenzen des Urheberrechtsgesetzes bedarf der vorherigen Zustimmung des Verlags. Dies gilt insbesondere auch für auszugsweise Nachdrucke, fotomechanische

Vervielfältigungen (Fotokopie/Mikroskopie), Übersetzungen, Auswertungen durch Datenbanken oder ähnliche Einrichtungen und die Einspeicherung und Verarbeitung in elektronischen Systemen.